Alain Pelosato

Sur mon ami Lovecraft

sfm éditions
Collection « livret »

Images de couverture, ci-dessous
et page précédente sont de **Georges Millon,**
extraites de notre BD : « L'appel des Vors »

Innsmouth...

© Alain Pelosato
ISBN 9782915512687
Dépôt légal août 2021

Introduction

J'ai beaucoup lu Lovecraft, y compris les diverses traductions qui ont fleuri depuis que les œuvres de HPL[1] sont désormais publiques, mais aussi, beaucoup de romans et nouvelles de ses héritiers.

J'ai beaucoup écrit sur Lovecraft, et notamment sur ses adaptations au cinéma et à la télévision.

Je reviens ici avec des textes anciens dont je suis l'auteur. Tout le monde sait que Pierre Dagon, c'est moi...

Je propose à mes lecteurs des textes qui datent de 2006 et d'autres de 2003 (l'interview de HPL et un petit essai sur le cinéma que je n'ai pas mis à jour, pour cette dernière vous pouvez vous reporter à mon ouvrage « Lovecraft au cinéma » (2019) qui a rencontré un vif succès)...

Je rajoute à cette réédition, l'interview d'Isabelle Barat, qui a publié un recueil de nouvelles de HPL avec des traductions dans lesquelles elle, et ses collaboratrices, ont bien remis ces textes dans l'ambiance originelle de mon ami HPL ! Cette interview a été publiée dans Sfmag N°111 en 2021 !

Bonne Lecture !

---

[1] J'utiliserai souvent les initiales « HPL »

Interview d'Isabelle Barat,
Réalisatrice de l'édition et une des
traductrices des nouvelles.
Par Alain Pelosato Directeur de Sfmag
À propos du livre « Les meilleures
nouvelles de H.P. Lovecraft[2] »

Alain Pelosato
Félicitations pour votre travail éditorial
sur Lovecraft. Depuis les traductions
injustement décriées de Jacques Papy et
Simone Lamblin, de nombreuses
traductions de Lovecraft ont été publiées.
Pourquoi une autre traduction par vous-
même et Nathalie Barrié ainsi que Anaïs
Courdouan ?

Isabelle Barat
À mon tour de vous remercier.
Nous souhaitions, en accueillant Lovecraft
dans la collection aux côtés de V. Woolf,
K. Mansfield et A. Tchéchov, le présenter
dans une perspective littéraire : mettre en
avant la *qualité* de cette écriture (son
intérêt, ses caractéristiques) et sa portée
poétique. C'est un angle qui est rarement
abordé quand il est question de Lovecraft,
un angle souvent occulté par l'attrait
qu'exercent le contenu de son œuvre et,
dans une certaine mesure, le personnage
de l'écrivain lui-même.

---

[2] Éditions Rue Saint Ambroise

Alain Pelosato
Vous avez publié un recueil des « meilleures nouvelles » de Lovecraft ; en quoi sont-elles les meilleures, pour vous ?
Isabelle Barat
Les thèmes s'entrecroisant dans ces nouvelles (l'inconnu et l'étranger, l'apparence et l'identité, la lignée et les racines, le rapt et la phagocytose) sous-tendent une grande partie – la plus originale et la plus troublante à mon point de vue, de l'œuvre de Lovecraft.
L'ouvrage eût-il été plus épais, ma sélection se serait élargie à des nouvelles comme (et entre autres) « Je suis d'ailleurs », « Celui qui chuchotait dans les ténèbres », « Lui », « Dagon », « L'abomination de Dunwich », « La tourbière hantée », « Celui qui hantait les ténèbres », « Dans l'abîme du temps ».

Alain Pelosato
William Schnabel a fait sa thèse de doctorat sur H.P. Lovecraft[3]. Voici ce qu'il dit à propos des traductions en français des textes de Lovecraft, alors que je l'avais interviewé[4] : « Lovecraft... On le lit toujours, n'est-ce pas ? Étonnant ! Je

---

[3] *Les Monstres familiers de H.P. Lovecraft* (1995)
[4] Voir plus loin...

salue les traducteurs de ses contes : *Paule Pérez, Claude Gilbert, Jacques Papy, Simone Lamblin, Jacques Parson, Yves Rivière et les autres. Ces traducteurs ont fait une énorme contribution à la littérature de l'imaginaire. Ils ont donné envie de lire HPL et leurs traductions sont très lisibles, créant le ton et l'atmosphère voulus par Lovecraft. En anglais, le style est très différent, vous savez, il est archaïque et pesant. Mais pas en français. »*

Qu'en pensez-vous ? Partagez-vous le jugement de William Schnabel sur le style de Lovecraft en anglais ?

Quelle « doctrine » de traductrice avez-vous pour la traduction des titres de ces œuvres ?

Isabelle Barat

La contribution de ces traducteurs à la littérature de l'imaginaire est énorme et indéniable. De même que le style en anglais est différent, incontestablement : les traductions que j'ai parcourues (mon opinion n'étant pas le fruit d'une lecture exhaustive) reposent sur le choix de la « sous-traduction » qui allège le style au moyen de l'omission (adjectifs, adverbes, voire segments de phrases).

De mon côté, je me suis plutôt efforcée de mettre en valeur cette complexité du style qui, à mon avis, tout « *pesant* » soit-il, porte en lui sa propre élégance par suite de l'extrême précision du vocabulaire et de l'architecture grammaticale. Il me semble en effet que c'est à la condition même de cette *pesanteur* que l'œuvre Lovecraftienne peut surgir dans toute son horreur (difficile d'être emporté dans la déferlante de l'intrigue sans être pris dans les méandres de l'écriture) et prendre cette place à part qui est la sienne dans le paysage de la littérature fantastique.

Je me suis donc attachée à accompagner le texte dans son urgence convulsive en suivant un principe selon lequel lisser l'écriture c'est assujettir le chaos, estomper les discordances des rythmes et des clameurs, ce qui choque à la fois les sens et la raison. Et, poussant la métaphore plus loin (n'oublions pas que le son et l'odeur sont deux composantes essentielles de l'écriture chez Lovecraft), c'est assainir la puanteur.

Ainsi, priver cette écriture de sa démesure, c'est priver le texte de ce qui a le pouvoir de suggérer la déliquescence de l'être et d'exprimer l'inexprimable tout en sauvegardant l'innommable – ce qui constitue le cœur même de l'horreur Lovecraftienne.

Alain Pelosato
Est-ce chaque traductrice qui a choisi son titre ?
Isabelle Barat
Le titre « La malepeur » est de Nathalie Barrié, « Les ombres d'Innsmouth », de moi-même.

Alain Pelosato
Les sciences, et particulièrement l'astronomie et la chimie, jouent un rôle de soubassement dans la fiction de Lovecraft. Il en parle pourtant très peu directement dans son œuvre.
Dans la nouvelle « La maison de la sorcière » (que vous n'avez pas publiée) il cite les sciences étudiées par son personnage principal : « le calcul non euclidien » et « la physique quantique ». Pourquoi n'avez-vous pas choisi de publier cette nouvelle ?
Isabelle Barat
Si, dans « La maison de la sorcière », Lovecraft fait état de calcul non euclidien et de physique quantique, je dirai que le récit s'oriente plutôt vers un fantastique relativement conventionnel (sorcellerie, etc.)
Des nouvelles telles que « L'appel de Cthulhu », « La couleur née de l'espace », « Celui qui hantait les ténèbres », « Dans

l'abîme du temps », tout comme « L'affaire Charles Dexter Ward », à mon sens développent de manière beaucoup plus efficace un récit alimenté par ces théories. Tout y est subtilement *de travers*, les perspectives perverties, les géométries faussées, les lois de la gravité altérées, les échelles extravagantes, toutes les lois de la nature bouleversées, chimie, botanique, anatomie, géologie traversées par *l'absurde*, la notion d'espace-temps elle-même menacée de dislocation.

Et nous observerons au passage un croisement bien plus effectif entre sciences et « surnaturel » dans (par exemple) les incandescences fulgurantes de « La Couleur née de l'espace » : la fusion des corps et des matières ainsi que la calcination comme des réminiscences du phosphore et de la pierre philosophale.

Pour en revenir à *l'absurde* – je pense que l'œuvre de Lovecraft repose moins sur le principe du surnaturel que sur celui bien plus funeste de l'absurde : ce qui résiste à une interprétation rationnelle n'a pas de sens, ce qui *ne peut ou ne devrait exister*.

Par suite du choc de cette révélation, le protagoniste est englouti dans un isolement double : en premier lieu, celui du dédale inextricable du réel, de l'onirique et de la folie, tandis qu'avec ce qu'il lui reste de lucidité il comprend que ce à quoi il est confronté ne doit à aucun prix être connu du *"grand public"* sous peine d'anéantissement de l'humanité.

Alain Pelosato

 Le rêve de la nouvelle « Trop semblables » est superbe. Lovecraft y parle de « l'horreur cosmique »… En quoi le cosmos serait-il source d'horreur ? Pourtant n'est-ce pas dans cette formule que se situe tout l'attrait de l'œuvre de Lovecraft ?

Isabelle Barat

Le cosmos, chez Lovecraft, errant aux confins des abysses du temps et de l'espace, œuvre en miroir avec l'étranger au fond de soi, inatteignable, inexpugnable. C'est cela l'horreur cosmique – un protagoniste abîmé dans son néant, un isolement incommensurable au cœur duquel l'altérité n'a pas cours. L'unique issue demeure l'oubli. La mort, à l'extrême limite, ferait parvenir à l'oubli – sans que même cela offre la paix puisque, si le protagoniste ne peut qu'aspirer à ce que cela s'arrête avec lui, il n'en a pas la garantie. Car toute connaissance n'est que l'amorce d'un phénomène de corruption et de contagion (la seule forme de transmission s'opérant chez Lovecraft, attendu que la lignée n'est, au mieux, que trouble et l'aïeul, un prédateur) conduisant de manière ultime à l'annihilation.

Le toucher et le lien, par conséquent, sont source de péril. L'ignorance seule promet une forme de réconfort : « *[...] un de ces jours, pourtant, la corrélation de tous ces savoirs dissociés nous dévoilera des perspectives si affolantes sur le réel et sur l'horreur de notre position que nous serons gagnés par la folie ou que nous fuirons la mortelle clarté de cette révélation pour nous réfugier dans la paix et la sécurité d'un nouvel âge des ténèbres.* » (« L'appel de Cthulhu »)

Ainsi l'aveuglement et son corollaire, la dissimulation, sont les fers de lance de la survie de l'humanité : « *Le réservoir sera bientôt achevé désormais et tous ces secrets du fond des âges seront préservés à jamais sous les eaux insondables.* » (« La couleur née de l'espace »)

D'où le poids de l'apparence dans l'œuvre de Lovecraft et le rôle du masque (« Le prêtre maléfique », « Le festival », « Celui qui chuchotait dans les ténèbres »).

Alain Pelosato
J'aime beaucoup les notices de la fin de l'ouvrage. Dans celle concernant la nouvelle « Trop semblable », justement,

les rédacteurs (Anaïs Courdouan et Bernardo Toro) citent Lovecraft qui a écrit dans *Par-delà le mur du sommeil* : « (...) nos visions nocturnes ne sont-elles pour la plupart qu'un faible et imaginaire reflet de ce qui nous est arrivé à l'état de veille (n'en déplaise à Freud avec son symbolisme puéril)... » Pourtant le livre de Freud sur les rêves, publié fin du 18e siècle[5], part justement du même postulat que celui de Lovecraft ! Lovecraft Vs Freud concernant les rêves ?

Isabelle Barat

Il existe pour Lovecraft deux catégories de rêve. La première est dérivée de notre activité diurne et entre parfaitement dans la conception freudienne. La seconde, en revanche, renvoie à une sphère d'existence mentale totalement indépendante de notre activité diurne et de notre conscience tout court. Elle échappe de ce fait à l'interprétation freudienne. Si cette activité mentale nous paraît relever du fantastique, précise Lovecraft, c'est simplement parce que nous avons une connaissance très limitée de la réalité. Au-delà de nous divertir, la littérature fantastique aurait pour objet d'élargir cette connaissance du réel.

---

[5] « L'interprétation du rêve » parution en novembre 1899, datée 1900.

Alain Pelosato

 La nouvelle inédite est-elle la première, « Dans la lumière de la Lune » ? La notice explique que ce texte de Lovecraft se trouve dans une lettre de l'écrivain. Ce texte a été intégré par Chapman Miske dans « sa » nouvelle intitulée « The Thing in the Moonlight ». C'est en fait cette nouvelle de Miske qui a été publiée dans le deuxième volume des œuvres de Lovecraft publiées chez Laffont sous la direction de Francis Lacassin. Si je ne me trompe pas, vous avez donc repris dans votre publication uniquement le texte de Lovecraft rapporté dans sa lettre à Donald Wandrei (24/111937) ?

Ou alors, serait-elle « Trop semblables » ? Un texte extrait d'une lettre de Lovecraft à Clark Ashton Smith, lettre qui a été publiée en entier par Francis Lacassin dans le volume 3 du « Lovecraft » de chez Laffont, mais jamais sous forme de nouvelle ?

Isabelle Barat

Le texte inédit est « Trop semblables » – nous lui avons donné un titre pour les besoins de la présente édition.

Au reste, ces deux fragments ouvrant et fermant l'ouvrage, « Dans la lumière de la lune » et « Trop semblables », permettent, si l'on compare les textes originaux avec ce qui en a été repris, d'éclairer l'écart immense qui en résulte.

Miske, dans sa nouvelle publiée quatre ans après la mort de Lovecraft sous le titre « La chose au clair de lune », reprend mot à mot le texte original en y intégrant une logique à l'aide d'un paragraphe d'introduction et de conclusion. Il le transforme, ce faisant, en une histoire convenue et sans commune mesure avec l'atmosphère d'appréhension diffuse et angoissante qui est l'essence même des textes de Lovecraft : car ce qui est important chez Lovecraft n'est pas l'étendue de la peur, c'est ce qui est caché, à l'affût, insaisissable, inexprimable, innommable. La racine même de la peur.

De la même manière Derleth, dans sa nouvelle « Les frères de la nuit » publiée en 1966 à partir de « Trop semblables », introduit une intrigue portée par un style incolore, brisant ainsi le moule de l'absolue terreur lovecraftienne et offrant au lecteur une horreur dont tous les recoins narratifs sont identifiables. Une horreur domestiquée en quelque sorte.

De Derleth l'on retiendra, toutefois, son rôle et celui d'*Arkham House* dans la diffusion de l'œuvre de Lovecraft. Il demeure, par ailleurs, intéressant de mettre sa démarche et celle de Miske en regard avec celle de

Lovecraft qui partagea tout au long de sa vie ses thèmes narratifs et ses personnages avec amis, correspondants, mais également dans le cadre de la réécriture, en tant qu'écrivain anonyme, de pans entiers (quand ce n'était pas de l'intégralité) de l'histoire qui ne conservait parfois que le titre et un nom d'"auteur", à savoir celui de la personne qui avait soumis le manuscrit à correction.

L'on peut voir là l'origine de ce fleuve *Lovecraftien*, sorte de vaste parcours ludique encore régulièrement alimenté à ce jour par le biais de différents médiums (narration, illustration, musique, film d'animation, etc.) et où l'on retrouve l'ossature du jeu vidéo.

Interview réalisée en 2021 et publiée dans Sfmag No 110.

William Schnabel
Directeur du *Gerf*

Dans la revue IRIS[6] qui vient de paraître et qui est consacrée au « Fantastique contemporain », tu as écrit plusieurs articles, dont l'un est intitulé : « Le fantastique rattrape le réel ». En ce qui concerne le débat sur la définition du fantastique, tu écris : « Par "Fantastique ", j'entends les genres constituant la littérature de l'imaginaire (...) Je m'éloigne volontiers des définitions canoniques du genre. » Voilà qui n'est pas pour me déplaire ! Cet article présente d'ailleurs de nombreuses œuvres de science fiction sous couvert de fantastique. Pour toi le fantastique sert à mieux cerner le réel ?

En fait, c'est un peu plus compliqué que ça. La plupart des critiques s'accorderaient pour dire que le « réel » est au cœur du fantastique parce qu'il s'appuie sur le réel. Un cadre réel doit être établi avant de pouvoir le déformer ou le détruire. L'une des difficultés dans l'élaboration d'une

---

[6] IRIS – les cahiers du GERF ; N° 24 : "La fantastique contemporain " Centre de recherche sur l'imaginaire Université de Grenoble 3 – 430 pages - 13 euros. Commandes : Université Stendhal BP 25 38040 Grenoble cedex 9 *Chèques à l'ordre de M. l'agent comptable de l'Université Stendhal. Frais de port : 1,52 euros pour un numéro, 1 euro pour les suivants.*

définition réside dans la perception de la réalité, le point de vue que l'on a de la réalité. Ce que beaucoup d'écrivains considéraient comme fantastique était pour Dostoïevski « l'essentiel de la réalité ». Mais enfin, qu'est-ce que le « réel » ? C'est déjà un gros sujet, n'est-ce pas ? Aujourd'hui, s'il y a un problème avec la définition du *fantastique*, c'est parce que nos repères du réel deviennent de plus en plus flous ou abstraits, tandis que d'autres disparaissent à jamais. Résultat : de plus en plus de gens se sentent perdus, aliénés... Et puis, beaucoup de gens ont du mal à s'identifier avec ce que l'on nous dit est *réel*, car la réalité est en grande partie une création de la société ; et cette création paraît souvent *grotesque* ou *absurde* pour un grand nombre de personnes aujourd'hui, de même que les individus peuvent paraître grotesques ou absurdes en fonction de ce qu'ils disent et de ce qu'ils font. Pour être très franc, je pense que beaucoup de gens n'ont aucune idée de ce qu'est le réel. La routine devient leur réalité... mais si vous regardez la vie de près, vous vous rendez compte que la réalité aussi est imprégnée du fantastique, du mystérieux, sinon du surnaturel. Donc, le point de vue est un élément important dans le très vaste domaine du fantastique, tout comme la perception du réel. En tout cas, il reste encore beaucoup à dire sur les rapports entre le réel et l'imaginaire, un pas de deux idéalistes qui séduit toujours tant de lecteurs, fort heureusement ! C'est Pierre-Georges Castex qui a ouvert la voie en France en 1951 avec la publication de sa thèse : *Le Conte fantastique en France de Nodier à Maupassant*. Par la suite on a vu paraître *L'Histoire de la littérature fantastique en France* de Marcel Schneider (1964), *Le Sentiment de l'étrange* de Louis Vax, puis la préface d'*Anthologie de la littérature fantastique* de Roger Caillois (1966), bien sûr, *Introduction à la littérature fantastique* de Tzvetan Todorov (1970), et *Le Récit fantastique* d'Irène Bessière (1974).

Réel et *Imaginaire* sont des concepts créés par tout un ensemble de processus sociétaux. Le *réel* est ce que nous voulons qu'il soit ! C'est pourquoi j'aime le fantastique, parce qu'il joue avec ces notions qui déterminent les structures de base de toute société. On pourrait très bien rêver une meilleure société tant que nous sommes libres, où les hommes et les femmes vivent en harmonie avec leur environnement, où les pauvres ont des chances réelles de réussir dans la vie, où les hommes et les femmes peuvent s'épanouir selon leurs aptitudes individuelles, où les individus sont libres de choisir leur avenir, où les gouverneurs servent les citoyens plutôt que de s'octroyer des privilèges, où les intérêts du plus grand nombre sont prioritaires plutôt que ceux qui monopolisent les capitaux...

Mais si le fantastique sert effectivement à mieux cerner le réel, nous devrions être scandalisés, car nous transformons notre planète en un enfer pour nous-mêmes et pour notre progéniture. Un assez grand nombre d'écrivains exploitent ces sujets d'actualité dans leurs écrits pour nous montrer que ça ne va plus sur la Terre. On pense aux auteurs comme Michael Crichton, Jean-Marc Ligny, Joëlle Wintrebert, Norman Spinrad, Jérôme Leroy, Jean-Pierre Andrevon, Richard Christian Matheson, ou Arthur C. Clarke, entre autres. Leur regard d'auteur me semble porté vers l'avenir, alors que le cadre de leurs histoires est en grande partie le nôtre, et la scientificité est au premier plan ou en filigrane dans leurs récits.

Le fantastique, dans le sens large du terme, permet de mieux appréhender le réel ; après tout, le mot *fantastique* vient du grec *phanein* qui veut dire *briller*, *se montrer*, ou *apparaître*. Dans le texte dit

« fantastique », ce sont les limites du réel qui apparaissent à nous. Et comme je viens de dire, le fantastique déforme notre cadre du réel, du moins provisoirement. Ce qui veut dire qu'il est foncièrement subversif comme genre. Il y a un manque d'orthodoxie dans toute histoire fantastique. Mais n'oublions pas que ce genre est né lors des grands bouleversements sociaux, pendant des révolutions ! On sait que Mary Shelley situe l'action de *Frankenstein* pendant la Révolution française, en 1792 (selon Jean-Jacques Lecercle). Ce n'est pas un hasard si le roman noir, ou roman « gothique », s'est développé pendant cette même période.

Aujourd'hui, nous assistons à la naissance d'un nouveau genre, forme hybride du fantastique et de la science-fiction, que l'on pourrait qualifier de *fantastique -science*, et qui est le miroir de notre « réalité ». Le clonage et les manipulations génétiques, les OGM, les armes bactériologiques, le SIDA, le SRAS, l'effet de serre, les trous dans la couche d'ozone, les vaches folles !... L'eau et l'air pollués ! Voilà notre réalité ! Elle est jolie, n'est-ce pas ? C'est José Bové en taule et des flibustiers dans les palais ! C'est le monde à l'envers ! On tue les enfants et des gens s'immolent par le feu ! Et c'est toujours la guerre, avec des truffes comme Bush qui nous rappellent les pires séries télévisées. Mais surprise, ce n'est point de la fiction, c'est du réel ! Il y a un temps pour toute chose sous le ciel et le temps de se poser des questions sur la désorganisation de notre monde est révolu, il est temps maintenant d'agir sur notre réalité, avant qu'il ne ressemble complètement à *1984* de George Orwell, à *La Peste* de Camus, ou au *Meilleur des Mondes* de Huxley.

Pourtant, Gilbert Millet, dans le même ouvrage pose la question suivante que je te pose par la même occasion : « Alors que le fantastique est le domaine de l'irrationnel, la science fiction serait donc celui des phénomènes explicables. » ?
Chacun a sa petite idée sur le fantastique et la science-fiction, n'est-ce pas ? Parfois c'est tout et n'importe quoi. Je me méfie des phrases qui sonnent trop bien. Elles cachent presque toujours des fissures théoriques. On constate que le fantastique et la science-fiction semblent fusionner de nos jours. En fait, on peut trouver des exemples de ce phénomène dans l'entre-deux-guerres déjà chez Lovecraft et la bande de *Weird Tales* ou *Amazing Stories*. Pour Jacques Goimard, « la science-fiction

est un genre comportant un changement de vraisemblable et remplissant dans la société actuelle une fonction équivalente à celle du mythe dans les sociétés archaïques » (*Critique de la science-fiction*). Cela sonne bien. Peut-être trop bien... on pourrait probablement dire la même chose du fantastique. N'est-ce pas le cas de Stephen King, par exemple, avec des histoires comme *Carrie* ou *Christine* ou celles d'Anne Rice ou, pourquoi pas, William Blatty ? Il est difficile d'opposer fantastique et SF par le contenu, car c'est trop réducteur d'énumérer les différences en fonction du « rationnel » ou de l'« irrationnel ». Après tout, comment savoir ce qui est possible et ce qui ne l'est pas ? Je préfère regarder des aspects du texte qui sont plus subtils comme le ton et l'atmosphère créés par les réseaux d'images. Normalement, le fantastique doit évoquer un sentiment de peur irrépressible. Mais aujourd'hui, la S F est souvent fondée sur exactement le même sentiment. Souvent, le fantastique est plutôt rétrospectif, alors que la S-F a tendance à s'orienter vers l'avenir. Pareillement, leurs cadres sont souvent différents. Dans la SF, l'histoire pourrait se dérouler sur le remorqueur interstellaire *Nostromo* aux confins de l'espace. Le fantastique, en revanche, va ressusciter les démons d'un lointain passé qui envahissent notre train-train quotidien et faire comme chez eux. Le fantastique s'appuie souvent sur la magie et des éléments surnaturels, alors que la SF s'appuie davantage sur la science, mais il n'est pas toujours facile de les départager. L'alchimie en est un bon exemple. Il me semble que les motifs (éléments minimaux de sens) sont différents aussi, ou du moins ils étaient différents. Le problème aujourd'hui est qu'ils partagent parfois les mêmes motifs comme des vampires ou autres monstres canoniques du genre... Je pense que le fantastique et la S-F partagent également le sacré, c'est-à-dire ce qui fait l'objet d'un sentiment de révérence religieuse, ce qui possède une valeur atemporelle, ce qui est lié à l'infini, ce qui est rare et d'un accès difficile, bref, ce qui renvoie à Dieu.

Donc, comme le fait Valerio Evangelisti, allier SF et fantastique ouvre une voie nouvelle, riche en promesses », comme l'écrit Gilbert Millet ?
La fusion du fantastique et de la S-F est riche en promesses et possibilités, certes, mais encore, on peut trouver des exemples chez Lovecraft (*La Couleur tombée du ciel*), Poe (*La Vérité sur le cas de M.*

Valdemar), et Balzac (*L'Élixir de longue vie*). De nos jours, il est sans doute normal de voir la science, ou plutôt les sciences, jouer un plus grand rôle dans les littératures de l'imaginaire puisque nous assistons à une révolution scientifique. Cela nous permet de parler d'un effet de mimésis : l'art imite la réalité, ce n'est pas nouveau. Nous sommes au début d'une ère nouvelle ; une période extrêmement importante pour l'avenir de notre espèce et pour l'équilibre de la Terre. Les choix que nous faisons maintenant vont déterminer le développement de notre espèce et l'utilisation des ressources naturelles pour les générations à venir. Si on fait de mauvais choix par cupidité ou par égoïsme, nous le paierons très cher. J'ai lu un article récemment dans *The Independent* (23/06/03), par exemple, qui évoque la naissance de *super-mauvaises herbes* qui sont directement liées aux cultures d'OGM ! Ce n'est pas étonnant si Tony Blair, celui qui a menti au public britannique pour justifier la guerre en Iraq, est *pour* la commercialisation des OGM, tout comme les multinationales américaines. Par ailleurs, des firmes américaines comme Monsanto, font pousser des cultures transgéniques en France ! Allons-nous assister à la mutation massive de la biosphère ? Ou a-t-elle déjà commencé ?

Par exemple, « La mère des tempêtes[7] », œuvre de SF s'il en est, t'inspire cette réflexion : « Ainsi sommes-nous amenés, comme Alain Dorémieux, à voir dans ce catastrophisme, "un état de conscience ", plutôt qu'un simple point de vue de la réalité. » Mais cet « État de conscience » ne fait-il pas partie justement de la réalité ?

Un écrivain fait des choix quand il écrit. C'est son pouvoir créateur, il se sert de son imagination. L'écriture est beaucoup de choses à la fois et des commentaires de toute sorte sont généralement tissés dans la trame de l'intrigue. Le commentaire peut être direct ou voilé et on le trouve chez les personnages, dans leurs discours, et dans les descriptions, les symboles et le sujet même de l'histoire. Aujourd'hui, certains écrivains réagissent contre ce qui constitue, à leurs yeux, la dérive de la société, ses orientations technologiques et scientifiques. Il n'y a pas une seule façon de croire en la science. Ceux qui s'opposent à l'orthodoxie réductionniste sont traités d'hérétiques par les multinationales qui se sont accaparées en grande partie de la

---

[7] Roman de John Barnes – Livre de Poche octobre 2001

recherche de pointe. Ce n'est pas parce qu'on est opposé à certaines applications de la science qu'on est contre le progrès, bien que ce mot soit de plus en plus équivoque de nos jours, et c'est notre cher « progrès » qui nous conduit vers la catastrophe. Nous produisons plus, consommons plus, et allons plus vite, mais si cette idée de progrès s'accompagne de pollution mortelle pour la biosphère, où est le progrès ?

De même que la religion, devenue idéologie centrale de bien des œuvres de SF ?
Religion... sujet intéressant à une époque où personne (ou presque) n'a plus la foi. On ne croit plus en Dieu, mais le Malin est omniprésent dans notre monde. C'est peut-être pour ça que l'on raffole du sacré dans la fiction... ça nous dépayse, ça nous rappelle de lointains souvenirs, ça nous met en contact avec l'infini... *Religion*, voilà un mot chargé de connotations ; certaines d'entre elles sont très péjoratives. Je voudrais employer ce vocable dans un sens positif et salutaire. Notre espèce a une longue histoire avec le sacré, une fascination et une peur aussi. C'est ce que Rudolf Otto nous a démontré dans l'ouvrage qui fait date dans le travail sur le

non rationnel et l'imaginaire (*Le Sacré*, 1949). Le sacré est un lien avec Dieu, il sert de tremplin pour transcender notre expérience profane. La religion, mais pas une orthodoxie pour nous endoctriner, devrait nous permettre d'aller au-delà de notre expérience profane, de voir plus loin, de comprendre certains mystères de la vie et de notre existence terrestre ; et puis, religion et sacré vont ensemble. Qu'est-ce qu'il reste du sacré dans notre société ? Le Baccalauréat est sacré ! Le foot est sacré ! Rolland Garros est sacré ! Les vacances sont sacrées !... La science-fiction, comme le fantastique, s'appuie sur la peur et je pense que généralement on peut remarquer un changement dans les motifs de peur et d'horreur employés dans la fiction moderne. L'impact psychologique de cette peur est différent aussi. Mais nous sommes sur un très vaste terrain ici, et les deux principales formes d'expression artistique – la fiction de l'imaginaire et le septième art – l'utilisent à des fins variées. Le cinéma, qui aime nous choquer et jouer avec nos émotions primaires comme les publicités télévisées, utilise une sorte de peur que l'on pourrait associer au *deima panicon* des Grecs, c'est-à-dire la peur qui paralyse, qui vous coupe le souffle ! J'aimerais croire que la fiction est plus raffinée et subtile. L'image visuelle n'est pas la même chose qu'une image suggérée par le texte écrit. C'est sans doute pourquoi je préfère la littérature plutôt que le cinéma ; et puis ces produits hollywoodiens commencent à me gaver ! Je ne supporte plus leurs clichés bourrés de propagande de Prisunic...

En tout cas, cette thématique a joué, et joue encore, un rôle considérable dans la S-F : Zelazny, Farmer, Herbert, Moorcock, pour ne mentionner que quatre noms incontournables du genre, nous ont légué de bons exemples. *Voici l'Homme* de Moorcock est un roman particulièrement original. Le héros de l'histoire, à l'aide d'une machine à voyager dans le temps, retourne dans le passé pour assister à la passion du Christ. Il rencontre Jésus, mais c'est une grosse déception pour lui, car ce Jésus-là ne pourra jamais endosser ses « responsabilités » de messie et c'est alors que les événements vont prendre un tour inattendu. Déçu par la mauvaise prestation du fils de Dieu, le héros le remplace sur la croix ! Message : attention si vous avez un goût pour la Passion... et il ne s'agit pas d'un fruit exotique !

La critique s'intéresse au thème de la religion dans la littérature fantastique, et *Les Cahiers du Gerf* ont consacré un numéro spécial à ce thème l'année dernière. On pense naturellement aux histoires de vampires (Dieu sait qu'il y en a !), aux démons comme Lilith, aux pouvoirs occultes que l'on trouve chez Gustav Meyrink, au roman d'Oscar Wilde, au *Portrait de Dorian Gray*, aux histoires de Storm Constantine comme la trilogie *Grigori*, à *Faust* de Goethe, à *Un bébé pour* Rosemary d'Ira Levin, à *L'Exorciste* de William Peter Blatty, au conte de Nicolas Gogol « Le portrait », à *Spectres* de Dean Koontz, à *La Passion considérée comme course de côte* d'Alfred Jarry où le Christ ne porte pas de croix, mais une bicyclette, aux histoires démoniaques de notre doyen, Claude Seignolle, et j'en passe des meilleurs.

Tu as fait ta thèse sur Lovecraft. Plutôt sur la manière dont cet écrivain a généré ses monstres et sa mythologie ?
Lovecraft... On le lit toujours, n'est-ce pas ? Étonnant ! Je salue les traducteurs de ses contes : Paule Pérez, Claude Gilbert, Jacques Papy, Simone Lamblin, Jacques Parson, Yves Rivière et les autres. Ces traducteurs ont fait une énorme contribution à la littérature de l'imaginaire. Ils ont donné envie de lire HPL et leurs traductions sont très lisibles, créant le ton

et l'atmosphère voulus par Lovecraft. En anglais, le style est très différent, vous savez, il est archaïque et pesant. Mais pas en français.

Oui, j'ai écrit ma thèse sur Lovecraft : *Les Monstres familiers de H.P. Lovecraft* (1995). Ce qui m'intéressait chez lui à cette époque était ses monstres. Chez Lovecraft, la haine, sous différentes formes, dévoile les visages cachés de l'épouvante et son œuvre est le résultat d'un gigantesque processus de sublimation qui lui permettait de « vivre » avec ses peurs : sur l'immigration, notamment, mais aussi sur les races qu'il jugeait biologiquement inférieures. Je pense que l'on peut voir tout ça clairement dans sa fiction, surtout lorsqu'on met en parallèle sa biographie et son œuvre : tous ses préjugés raciaux sont là. Mon hypothèse était que l'écrivain exprime ses sentiments et sa pensée profonde dans son œuvre. Par conséquent, il y a coïncidence partielle entre un auteur et son œuvre, entre un auteur et ses personnages, ses thèmes et ses motifs. Je pense que c'est intéressant d'étudier tout ça, d'essayer de découvrir les sources profondes des images. Un sujet très important dans la littérature de l'imaginaire, car tout est image... et les images sont imprégnées de symboles.

Écrire est un processus psychologique extrêmement complexe. Et les monstres jouent un rôle primordial dans ses mythes, c'est une sorte de structure interne qui donne de la cohérence à son œuvre. Donc, pour comprendre ses mythes, il fallait analyser ses monstres. Si on pense à la définition d'Eliade, le mot *mythe* me semble en partie justifié : « Le mythe raconte une histoire sacrée ; il relate un événement qui a eu lieu dans le temps primordial, le temps fabuleux des 'commencements'. Autrement dit, le mythe raconte comment, grâce aux exploits des Êtres Surnaturels, une réalité est venue à l'existence, que ce soit la réalité totale, le Cosmos, ou seulement un fragment : une île, une espèce végétale, un comportement humain, une institution. C'est donc toujours le récit d'une 'création' » (*Aspects du mythe*). Même si Lovecraft ne raconte pas *stricto sensu* la création des extraterrestres, leur développement et leurs pratiques sont esquissés.

Ton article « Idéologie et fantastique chez H.P. Lovecraft » montre que le fantastique de Lovecraft est installé sur un socle d'idéologie néonazie ?
Je ne sais pas si mon article dit ça. Je voulais démontrer que le conservatisme

joue un rôle important dans son œuvre. Le fascisme était plutôt une sorte de kyste ou protubérance psychopathologique ! L'extrême droite est toujours là, n'est-ce pas ? Regarde les élections en France dernièrement. Regarde un peu ce qui se passe outre-Atlantique. Quelle belle saloperie là-bas avec la dynastie Bush ! Des nazis... L'anglophilie, le nativisme, le teutonisme et le fascisme se mélangent dans son *melting-pot* idéologique. La source de son conservatisme était sa famille, surtout du côté des Phillips, famille de vieille souche aux États-Unis. Pour Lovecraft, la démocratie est un signe de déclin, elle entraîne la dégénérescence des traditions et ne permet pas de bâtir une grande civilisation. Dans sa correspondance, il parle d'un gouvernement fasciste où les dictateurs seraient élus par un électorat reçu à des examens ! C'est vraiment n'importe quoi ! Et puis il pensait que le fascisme pouvait guérir l'Amérique du capitalisme qu'il détestait avec une passion. On ne pouvait pas trop souligner l'importance de la culture et de la race dans l'idéologie lovecraftienne, elles donnent un sens à la vie. Peu avant sa mort pourtant, il reconnaissait que les États-Unis n'étaient pas un pays propice à l'instauration d'un régime nazi. Sa volumineuse correspondance est un éloge du Nordique et de l'Aryen et il n'est pas difficile de l'imaginer en train de savourer en cachette les passages de *Mein Kampf.* Malgré sa haine envers les Juifs, il s'est marié avec Sonia Haft Greene, mais je pense que son mariage avec elle n'enlève rien à son racisme parce qu'il considérait Sonia comme une Juive différente, bien assimilée dans la culture américaine, la culture *mainstream.*

De même Lovecraft était sexiste. Il s'est toujours opposé à l'érotisme dans ses œuvres (pour lui le sexe était assimilé aux plus bas instincts...) Or, il est assez savoureux de voir comment certains cinéastes (pour ne pas dire la plupart) ont adapté ses œuvres au cinéma. Je ne citerais que « Re-animator[8] » et sa suite... Une vengeance du cinéma sur cette idéologie lovecraftienne ?
D'abord, je dois avouer que je ne suis plus cinéphile et je ne vais pas souvent au cinéma pour la simple raison que je suis souvent déçu. Très franchement, je trouve que l'esthétique fait souvent défaut dans cette forme d'expression artistique, tous ces produits hollywoodiens qui se

---

[8] Par Stuart Gordon et "Re-animator 2" par Brian Yuzna.

ressemblent comme deux gouttes d'eau...
Et puis beaucoup de gens regardent le
cinéma fantastique pour les effets
spéciaux, c'est évident, car les dialogues
sont nuls ! l'intrigue et les acteurs aussi ! Je
préfère les livres et comme ça au moins je
peux fabriquer mes propres images, je n'ai
pas besoin de leurs milliers de pixels
préfabriqués conçus essentiellement pour
nous conditionner. De plus, les films sont
tellement bourrés de clichés que c'est
lassant. Le problème avec le 7e art est que
les enjeux commerciaux sont énormes. Cela
coûte la peau des fesses de réaliser un film,
alors ce n'est pas l'art qui prime, mais la
rentabilité. Est-ce que le public va aimer le
produit ? Le public va-t-il consommer ? Si
vous faites assez de battage publicitaire,
les moutons vont se ruer sur n'importe
quoi. On voit le même phénomène dans
l'édition avec tous ces prix et les auteurs à
la mode qui sortent leurs best-sellers
comme des saucisses de Strasbourg. Trop
souvent hélas, c'est de la littérature de
gare. Un peu plus de travail sur la
psychologie des personnages et sur la
prose serait le bienvenu, mais pour le faire
le talent est requis. Quand je regarde
certaines éditions états-uniennes, je
m'esclaffe ! Certains éditeurs mettent 4
pages de citations publicitaires au début

du livre pour nous convaincre que ce n'est pas de la merde ! J'ignore si ça marche.

J'ai tendance à penser (et je l'ai écrit) que le héros de cette histoire (Re-animator), nommé Herbert West, est la reproduction de Lovecraft lui-même. Son double dans le miroir ?

Oui, beaucoup de protagonistes représentent HPL, je dirai qu'ils sont les doubles de l'auteur, car sa fiction est son vaste miroir. En effet, cette manie semble relever d'une obsession et son œuvre ressemble un peu au *pays des merveilles* où il fuyait la réalité qu'il haïssait si profondément. Mais je crois aussi qu'il s'amusait pas mal avec toutes ces images spéculaires qui le hantaient et le taquinaient. Herbert West, aux « traits délicats, portant lunettes, aux cheveux blonds, aux pâles yeux bleus et à la voix douce », est une représentation de Lovecraft, mais il n'est pas la seule. Il y a aussi, à un degré variable, Walter Gilman, le narrateur de *Lui*, Charles Dexter Ward, le monstre de *Je suis d'ailleurs*, Wilbur Whateley et Arthur Jermyn, entre autres. J'en parle dans *Masques dans le miroir : Le double lovecraftien* chez La Clef d'Argent (2002). Parfois Howard s'amusait dans sa fiction à faire défiler toute sa tribu un peu comme on exhibait autrefois les *freaks* de la nature : Susie, Winfield Scott Lovecraft, Whipple Van Buren Phillips... ils sont tous là.

Lovecraft est matérialiste. Dieu n'intervient jamais dans ses histoires. Ses dieux à lui sont faits de matière. Tu utilises l'expression de « cosmicisme » pour qualifier sa mythologie, qui n'en est donc pas une ?
Regardons de près cette idée. Cthulhu, qui se prononce *Cluh-Luh*, sans prononcer le « T », ce gigantesque animal marin qui ressemble à une sèche avec des ailes membraneuses, est un bon exemple. C'est certainement grâce à la création de ce monstre infernal que Lovecraft est connu et adoré par le grand public aujourd'hui. Sans Cthulhu, il serait sans doute resté dans l'obscurité. Cthulhu, créature éponyme de *L'Appel de Cthulhu*, a vu le jour l'été de 1926 à Providence, Rhode Island. Mais le mythe de Cthulhu est beaucoup plus que ce monstre. Le mythe, si mythe il y a, est bien plus compliqué que ça. Par ailleurs, la critique américaine est toujours divisée sur l'existence de ce mythe. On peut même se demander si c'est vraiment utile de débattre la question. Où est-ce que cela va nous amener ? Pour ma

part, je pense que la question est intéressante dans la mesure où elle nous informe sur les objectifs de Lovecraft en tant qu'écrivain : sa philosophie, sa conception du monde et sur son genre de fantastique assez particulier, le *weird*.

Tout d'abord, la question de savoir si Lovecraft lui-même crut en ce mythe ou s'il eut l'intention de créer ce mythe se pose. En fait, c'était un ami à Lovecraft, August Derleth, fondateur de la maison d'édition Arkham House en 1939, à Sauk City, Wisconsin, peu après la mort de son ami le 15 mars 1937, qui a créé l'expression, semble-t-il. Ce fait, avec des querelles littéraires, nous pose d'emblée quelques problèmes. Nous allons voir pourquoi. Lovecraft a probablement commencé sa rédaction du texte après son retour à Providence, mais l'idée avait germé dans son esprit au moins un an avant, en août 1925, car il parle de l'intrigue à cette époque dans son journal intime, et puis les motifs de la nouvelle ressemblent à ceux employés dans l'une de ses premières histoires *Dagon* (1917). Avec votre indulgence, je vais citer l'incipit du texte.
« Ce qu'il y a de plus pitoyable au monde, c'est, je crois, l'incapacité de l'esprit humain à relier tout ce qu'il renferme. Nous vivons sur une île placide d'ignorance, environnée

de noirs océans d'infinitude que nous n'avons pas été destinés à parcourir bien loin. Les sciences, chacune s'évertuant dans sa propre direction, nous ont jusqu'à présent peu nui. Un jour, cependant, la coordination des connaissances éparses nous ouvrira des perspectives si terrifiantes sur le réel et sur l'effroyable position que nous y occupons qu'il ne nous restera plus qu'à sombrer dans la folie devant cette révélation ou à fuir cette lumière mortelle pour nous réfugier dans la paix et la sécurité d'un nouvel obscurantisme ». (*L'Appel de Cthulhu*)

La nouvelle, on le sait, est célèbre aujourd'hui et tient une place importante dans l'œuvre de Lovecraft parce qu'elle est la première histoire qui s'inscrit dans son mythe littéraire. Ce passage est significatif parce qu'il met en avant le concept lovecraftien de cosmicisme, ou l'insignifiance de l'espèce humaine dans un univers « aveugle », sans but aucun et dépourvu de sens, de même qu'il n'y a ni Dieu, ni âme, ni commencement, ni fin de l'univers. Sa philosophie, en ce qui concerne la métaphysique, est celle d'un matérialiste mécaniste et s'appuie sur les principes de deux auteurs, Hugh Elliot et Ernst Haeckel. Encore, ce conte fait date dans son œuvre parce qu'il marque un changement significatif dans sa fiction. Dorénavant, Lovecraft abandonne des histoires surnaturelles à l'instar de Poe ou de Machen pour se consacrer à la science-fiction, ou peut-être quasi-science-fiction. C'est ainsi que son entité Cthulhu, qui vit au fond de l'océan dans la cité de R'lyeh, symbolise son cosmicisme : son existence sur la Terre montre que nos perceptions de l'univers sont erronées et que l'homme ignore la place qu'il occupe réellement dans l'univers. Voilà la fonction de ce monstre qui, bien sûr, joue un rôle dans son mythe.

D'habitude, lorsque l'on évoque l'expression, mythe de Cthulhu, on comprend son panthéon de monstres ou extraterrestres comme Azathoth, Nyarlathotep, Yog-Sothoth, les Anciens, Shub-Niggurath ; des lieux mythiques créés par Lovecraft comme Arkham, Innsmouth, ou Dunwich ; et des grimoires comme le *Necronomicon* de l'Arabe fou Abdul Alhazred. Ces motifs sont employés pour créer une atmosphère étrange et vaguement inquiétante qui est spécifique à son œuvre. Lovecraft concevait une hiérarchie de « dieux infernaux », qu'il a schématisée dans une lettre à James F. Morton le 27 avril 1933, mais dans sa fiction, le résultat est beaucoup plus flou. Dans sa correspondance publiée chez Arkham House, Lovecraft n'a pas employé l'expression « mythe de Cthulhu (en anglais « Cthulhu mythos »), mais est-ce que ça change quelque chose ? Il parle de « folklore synthétique », de « panthéon noir », de « mythologie artificielle » et de « démons synthétiques ». Quelles étaient les stratégies narratives de Lovecraft concernant l'emploi de ses « démons domestiques » ? « Saint Yuggoth ! » disait-il. Je pense que cette expression montre qu'il ne prenait pas trop au sérieux sa mythologie artificielle ; avant tout c'était de la fiction. Et puis – et ce fait est extrêmement important – il écrivait dans les *pulps* (les magazines bon marché). Lovecraft lui-même disait que c'était une littérature de deuxième catégorie. Mais en même temps, Lovecraft et les autres membres de la bande comme Clark Ashton Smith, Robert Bloch ou Frank Belknap Long, échangeaient fréquemment leurs monstres familiers non seulement pour les vulgariser, mais aussi pour donner un air d'authenticité. Toute cette bouillie littéraire devait créer l'atmosphère étrange tant recherchée. La critique américaine a dit que Lovecraft aurait été contre l'emploi de l'expression « mythe de Cthulhu ». J'en doute fort ! mais souvent les critiques prennent les choses plus au sérieux que les écrivains eux-mêmes. En tout cas, les choses se sont compliquées avec la « collaboration » posthume entre August Derleth et Lovecraft. Dans un courrier adressé à l'éditeur de *Weird Tales*, Farnsworth Wright en juillet 1927, Lovecraft évoque sa technique de décrire les extraterrestres afin qu'ils s'éloignent le plus possible de la forme humaine pour créer un sentiment d'étrangeté. Puis il y eut cette citation fournie par Derleth qui prétendait qu'elle venait de la plume de son ami, Lovecraft. Je lis :

« Tous mes contes, si hétérogènes les uns par rapport aux autres qu'ils puissent être, se basent sur une croyance légendaire fondamentale qui est que notre monde fut à un moment habité par d'autres races qui, parce qu'elles pratiquaient la *magie noire* [mes italiques], furent déchues de leur pouvoir et expulsées, mais vivent toujours à l'extérieur, toujours prêtes à reprendre possession de cette terre ».

Cette citation, comme d'autres critiques l'ont remarqué, est en contradiction avec la philosophie de Lovecraft. Par ailleurs, Derleth n'a pas pu produire la lettre contenant la celle-ci. En somme, Derleth, un fervent catholique, se servait de la citation pour corroborer sa propre interprétation du mythe. Notamment, qu'il s'agit d'une lutte manichéenne entre le bien et le mal. Pour Lovecraft, la notion de moralité n'avait aucune place dans la fiction de l'étrange. Il est quand même intéressant de remarquer que ceux qui pourfendent le mythe le font très souvent à cause de Derleth.

Après la mort de Lovecraft, Derleth s'est mis à la quête d'un éditeur pour *The Outsider and Others*, un énorme tapuscrit de 1.500 pages. Scribner's l'avait refusé, car Lovecraft fut inconnu à l'époque du grand public. Plutôt que de perdre encore du temps dans sa recherche d'un éditeur prêt à publier, Derleth et Donald Wandrei ont créé leur propre maison d'édition, Arkham House et *The Outsider and Others* est sorti en décembre 1939. Par la suite, Arkham House a publié d'autres textes comme *Beyond the Wall of Sleep* en 1943, *Marginalia* en 1944, *H.P.L. : À Memoir* en 1945 et a réussi à convaincre d'autres éditeurs à publier des textes de Lovecraft. Cette même année, Derleth a publié *The Lurker at the Threshold* : la première des nombreuses « collaborations posthumes » avec Lovecraft. Ce qui est assez remarquable et assez injuste envers son ancien ami, d'autant plus que Derleth a déformé la philosophie de Lovecraft, qui se lit en filigrane dans sa mythologie artificielle, en plaquant ses propres idées sur des motifs imaginés par son ami. Derleth, qui semblait être hanté par le mythe de Cthulhu, a agacé bon nombre de critiques et d'éditeurs aussi par le fait qu'il croyait posséder le copyright de toute sa fiction, pour la simple raison qu'il avait publié les textes ses textes. Et puisque Derleth a créé l'expression « mythe de Cthulhu », beaucoup de critiques l'associent à son nom et à ses idées qui étaient, répétons-le, très différentes de celles de son ancien ami. Pour être clair, le mythe de Cthulhu, tel qu'il a été propagé par Derleth, n'existe pas dans la fiction de Lovecraft.

Ceci dit, il serait incorrect de prétendre que Lovecraft n'avait aucune intention de créer une mythologie ; il avait déjà dit, par ailleurs, qu'il employait les noms de ses « démons domestiques » pour donner une impression de vraisemblance mythologique dans le cadre de sa fiction, bien qu'il sût que « Yog-Sothoth est essentiellement une conception puérile ». S.T. Joshi, le critique américain, a probablement raison d'appeler le mythe une « pseudomythologie ». Lovecraft l'a utilisée pour exprimer sa philosophie et pour développer l'atmosphère de terreur et d'angoisse si importantes dans son œuvre. Savoir si Lovecraft a atteint ses objectifs en fiction est une autre question, non dépourvue d'intérêt sans doute.

Tu n'es pas tendre avec HPL ! Je te cite : « L'idéologie fait partie intégrante de l'œuvre de Lovecraft et c'est ce qui jette une ombre de déshonneur sur sa vie. Les idéologies ont toujours de l'importance. On les utilise pour convaincre, pour manipuler et, dans certains cas, pour justifier nos crimes. » Je partage ce point de vue. Mais s'applique-t-il complètement à Lovecraft ? N'était-il pas plutôt victime de cette idéologie qui lui permettait de survivre psychologiquement ? N'était-il pas plutôt "manipulé " ?

Je pense que l'on est souvent « manipulé » par une idéologie, et il me semble légitime de dire que Lovecraft était victime de la sienne, mais qu'elle lui permettait en même temps de « survivre » psychologiquement. Racontez-moi vos fantasmes et je vous dirai qui vous êtes ! C'est ce que Lovecraft a si bien fait dans sa fiction : il y déversait ses fantasmes. Regardez un peu ses motifs et ses images : le visqueux, tous ces tentacules et tous ces extraterrestres, la mer/mère, la nature sauvage, l'abîme… Tout cela *est* Lovecraft. Il a beaucoup

souffert dans la vie et cette souffrance agissait comme un catalyseur sur son activité créatrice ; le résultat était un effet cathartique. Le texte lovecraftien, comme beaucoup de textes littéraires, est un confessionnal. Sa fiction se nourrissait de sa biographie pour lui permettre de purger ses échecs et de se délivrer de sa haine. La hantise de Lovecraft était le *monstrum*, tout ce qui contamine ou provoque une souillure. Et il n'est pas difficile d'identifier les sources de ses préjugés : la Nouvelle-Angleterre (lieu sacré par excellence), sa famille bien sûr, mais aussi ses revers de fortune. Lovecraft n'était pas Stephen King ou Bernard Weber. Son succès littéraire était posthume ; de son vivant il publiait essentiellement dans *Weird Tales*, et il n'a pas gagné une fortune avec les *pulps*. Il aurait bien voulu toucher un peu de l'argent que l'on gagne aujourd'hui sur son dos. Ce que je souhaite est qu'on réédite sa correspondance, car elle aide beaucoup à comprendre ses écrits.
Juin 2003

Interview de Howard Phillips Lovecraft
Par Pierre Dagon

Lecteur assidu et extrêmement attentif de Lovecraft, j'avais décrypté ses œuvres qui ne se contentaient pas d'être des histoires terrifiantes, mais donnaient des codes pour se repérer d'entre les Mondes. Enrichi par cette nouvelle science, j'avais demandé à un trio de détectives de se rendre sur la planète Yuggoth au-delà de Pluton pour récupérer un des cylindres que *Ceux du dehors* utilisaient pour conserver vivant le cerveau de ceux à qui ils accordaient l'immortalité.

Si Lovecraft a raconté ce genre d'histoire, ce n'est pas pour rien : il avait tout simplement dit la vérité toute simple. La mort précoce de l'écrivain avait permis à *Ceux du Dehors* de récupérer ce petit génie.

La jeune et belle Alice est fille du couple des détectives Jean et Véronique Calmet. Elle possède un pouvoir qu'elle avait obtenu de son père biologique, Jean n'étant que son père adoptif. Elle est capable de se rendre sur tous les Mondes qu'elle souhaite rejoindre, encore faut-il qu'elle en rencontre les moyens matériels.

Ce moyen ; elle le découvrit dans l'œuvre même de Lovecraft. Ce fut le puits de "La Couleur tombée du ciel ". Elle se rendit sur Yuggoth et ramena le cylindre contenant le cerveau vivant de HPL[*] !

Me voici donc en sa possession ! Ce cylindre, une fois branché à des appareils adéquats me permet de converser avec Howard Phillips Lovecraft lui-même (HPL)

Il m'a fallu bien des mois pour parfaire son éducation et sa connaissance du monde moderne. Non pas que ses connaissances fussent inférieures à celles d'aujourd'hui, mais elles étaient différentes... Juste une question de vocabulaire, de connaître la signification exacte des mots. Il apprend très vite.

Nous avons mis au point ensemble une interface entre lui et un simple ordinateur de bureau ce qui lui permet d'être branché sur le web en continu grâce à l'ADSL.

Notre seul problème est de rester discret, de ne pas se faire remarquer par les pirates du web et autres chevaux de Troie. D'où l'installation de divers pare-feu, antivirus et autres logiciels de défense dans

---

[*]	Voir « Ruines » d'Alain Pelosato et sa suite « Fleur de soufre » du même auteur et surtout, mon court récit « Lovecraft à Espérance » publié par science fiction magazine dans son hors série *Sfmag présente* N° 10.

l'ordinateur qui relie HPL au reste du monde.

Howard a accepté de répondre à quelques-unes de mes questions. Une interview exclusive du "reclus" de Providence.

Bonjour Howard. Merci de m'accorder cette interview exclusive et de m'autoriser à la publier.

Il n'y a pas de quoi, tout le plaisir est pour moi Pierre, car c'est grâce à toi que j'ai été soustrait à *ceux du dehors*.

Depuis ton retour tu as eu le temps de prendre connaissance des événements de notre époque. Nous parlerons tout à l'heure des guerres que l'humanité a connues et des violences actuelles. Je voudrais d'abord connaître ton sentiment sur la manière dont tes œuvres sont perçues aujourd'hui.

Eh bien je suis profondément étonné de voir comme mon nom est devenu connu d'un si grand nombre de lecteurs...
J'en suis même abasourdi. Il a fallu attendre ma mort clinique pour que mes livres connussent un intérêt dans le monde...

Et que penses-tu des traductions en français de Jacques Papy ?

Ma foi on lui reproche de ne pas avoir respecté mes textes à la lettre, mais il a voulu, j'imagine, les respecter sur le fond. Et cela c'est bien.

Ah ? Bon... Il y a aussi eu des adaptations cinématographiques... Aurais-tu imaginé que certaines de tes œuvres fussent adaptées au cinéma ?

Oui... Quand j'ai quitté ce monde, le cinéma n'était pas aussi – comment dire... - *développé* qu'aujourd'hui... Quand j'ai vu les films ouvertement inspirés de mes œuvres, j'ai été saisi par la violence des images. Parfois, mes rêves prenaient réalité devant moi, mais parfois aussi, les scènes en étaient très loin... Et... aussi, certains films ont un contenu sexuel que je n'approuve pas... Je trouve cela très choquant.

Certains pensent que l'influence de ton œuvre au cinéma va bien au-delà des films ouvertement inspirés de tes histoires. Par exemple les monstres des films <u>Alien</u> créés par un Suisse (Giger) seraient directement inspirés de tes monstres à toi.

Sans doute... Mais mes monstres ne sont pas simplement des créatures conçues pour tuer... Ils sont des dieux ! Et ils existent. Même si la plupart des êtres humains ne connaissent pas leur existence. Voilà qui est terrifiant, non ?

Mais comment cela des dieux ? Je croyais que tu n'étais pas croyant ?

Non je ne suis pas croyant. Ces dieux-là ne sont pas comme Dieu, Allah ou Jéhovah. Ils ne sont pas spirituels, ils sont faits de matières - d'étranges matières, mais de matières quand –même...

Dans « Les montagnes hallucinées », tu décris l'autopsie d'une des créatures de ces mondes...

Oui. J'ai eu l'occasion d'y participer en rêve. J'ai donc pu la décrire de manière précise.

En rêve ? Tu as beaucoup utilisé tes rêves pour créer tes fictions...

Comment ça mes "fictions" ? Ce ne sont pas des fictions, ce serait trop simple. J'ai couché sur le papier mes rêves. Or les rêves sont des messages d'autres mondes. Ce que j'ai vu dans mes rêves existe "ailleurs"...

Et aujourd'hui... dans ton... état actuel veux-je dire, rêves-tu encore ?

Oui, beaucoup. Mes rêves servent d'ailleurs beaucoup à tes enquêteurs...

J'ai trouvé qu'un film (et avant lui la série de comics dont il est tiré) s'est bien inspiré (sans le dire ouvertement) de ce court roman (« Les Montagnes hallucinées »). Qu'en penses-tu ?

Tu veux parler du film « Alien vs Predator ». Oui, effectivement, j'ai eu la même impression : le cadre de l'Antarctique, et des créatures venues du Cosmos qui s'affrontent. D'ailleurs tu disais qu'Alien était inspiré de mes créatures, mais Predator aussi avec ses espèces de tentacules sur la tête à la place de cheveux... Le cinéma a saisi l'aspect physique de mes "Dieux" et l'a adapté aux mythologies modernes des E. T. et soucoupes volantes.

Auparavant il y a eu le célèbre « La Chose d'un autre monde » film tiré d'une nouvelle de Campbel, mais je trouve que cette nouvelle est inspirée de tes « Montagnes hallucinées »...

Je n'ai pas vu le film, mais j'ai lu la nouvelle de Campbel. Elle semble évidemment directement inspirée d'un passage des « Montagnes hallucinées », celui où on découvre des corps congelés des entités extraterrestres qui disparaissent après réchauffement. Sacré Campbel ! (rires)

Puisqu'on est dans le cinéma, que penses-tu du film de John Carpenter « L'Antre de la folie » film dans lequel on peut dire que le cinéaste t'a carrément mis en scène ?

Oui. (Rires) En réalité, je n'étais pas aussi dur et viril... Mais il est vrai que la lecture de mes œuvres peut rendre fou et que si on réussit à les mettre en œuvre dans le monde réel elles ouvrent bien des portes comme tu as su les ouvrir toi-même. Mais attention ! Il faut aussi savoir les refermer... Ne pas ouvrir sans savoir refermer ! (rires)

Le film « Hellboy » tiré d'un comic de Mike Mignola, commence par une citation du

Vermi Mysteriis. Et les monstres ont de beaux tentacules...[9]

Et il y a même un homme poisson ! Mais je n'aime pas le mélange avec la religion. Les bondieuseries (eau bénite, chapelets et croix) n'ont absolument rien à voir avec ma mythologie. Je ne voudrais pas qu'on m'attribue ces bondieuseries. Je suis un matérialiste convaincu.

Oui, je comprends, on t'attribue des textes qui ont été en fait écrits par d'autres, comme Masterton qui t'attribue un texte dans « Manitou » alors qu'il a été écrit par Derleth. Comment prends-tu le fait qu'on appose ton nom à ces nouvelles et romans écrits par Derleth avec des notes que tu as laissées après ta "mort" ?

Je peux remercier Derleth d'avoir permis de me faire connaître dans le monde entier. C'est grâce à lui. Mais il a imprimé dans les consciences une vision un peu déviée de mon œuvre... Il l'a prolongée, mais cette "prolongation" il en est le seul l'auteur. Je la

---

[9] *Dans les froideurs de l'espace, les monstrueuses entités Ogdru Jahad – les 7 divinités du Chaos – sommeillent dans leur prison de cristal, attendant de revendiquer la Terre et d'enflammer les cieux.*

respecte, mais rendons à César ce qui est à César...

Comme le "mythe de Cthulhu" par exemple ? Voici comment je résume :

Pastiches, racisme, guerres
=
action des Anciens : mythe de Cthulhu selon Derleth...

Physique quantique, mathématisation de la réalité, rupture avec la méthode cartésienne de la « divisibilité », non localité dans la mécanique quantique
=
mythologie de HPL !!!

Lovecraft et la nature
Alain Pelosato

Lovecraft s'est mis lui-même en scène avec son personnage d'Herbert West, le réanimateur de cadavre. Dans cette œuvre, il affiche donc ses convictions philosophiques : " West était matérialiste. Il ne croyait pas à l'existence de l'âme et attribuait tous les effets de la conscience à des phénomènes physiques. "

La nature joue un rôle important dans l'œuvre de Lovecraft. Elle annonce une présence maléfique quand elle prend une forme inhabituelle de dégénérescence, ou même terrifiante. C'est le cas dans la nouvelle " La Couleur tombée du ciel ". Cette histoire est particulièrement moderne puisqu'elle raconte une pollution abominable d'un puits par une entité extraterrestre. Ce thème a été ensuite beaucoup utilisé par les scénaristes de films de terreur, notamment un sketch de " Creepshow " dans lequel Stephen King joue le rôle d'un pauvre paysan contaminé par une météorite tombée du ciel.

" À l'ouest d'Arkham s'érigent des collines farouches, séparées par des vallées plantées de bois profonds dans lesquels nulle hache n'a jamais pratiqué de trouée. " Voilà la nature sauvage décrite par Lovecraft.[**] Cette nature est menacée — et là encore, cette menace représente à notre époque une curieuse actualité : " ... La moitié des vallées aura été inondée pour constituer le nouveau réservoir (...) la lande foudroyée sommeillera sous les eaux profondes. " Cette idée d'une entité qui " sommeille " dans des profondeurs aquatiques est très chère à Lovecraft...
Une lueur est donc tombée dans le puits de fermiers. Cette lueur a d'abord un effet bénéfique : elle donne aux plantes une vigueur particulière et elles produisent de magnifiques fruits. Mais... " Dans l'exquise saveur des pommes et des poires s'était insinuée une répugnante amertume (...) : ... la météorite avait empoisonné le sol. "

[**] Ces descriptions de paysages sont certainement inspirées de celles d'Arthur Machen comme pourrait en témoigner cet extrait de sa nouvelle " La Main rouge " (1906) : " Les contours des bois et des collines, les méandres des ruisseaux au creux des vallées, sont susceptibles d'imprégner de mystère un esprit particulièrement imaginatif. (...) Lorsque j'étais encore enfant, la vaste étendue de certaines collines arrondies, la profondeur de certains bois suspendus et de vallées secrètes encerclées de toutes parts, me remplissait d'imaginations dépassant toute expression rationnelle ; (...) "

La "transformation" terrifiante des créations de la nature a commencé : " ... Des empreintes habituelles d'écureuils, de lapins blancs et de renards ; toutefois, le fermier jura qu'il y avait quelque chose d'anormal dans leur dimension et leur disposition... ", jusqu'à l'horreur dans toute sa splendeur : " Ce fut la végétation qui les épouvanta. Tous les arbres du verger se couvrirent de fleurs aux teintes bizarres (...) "

Attention, ne croyez pas que ces transformations sont dues à des " entités " divines ou diaboliques. Pas du tout. Lovecraft est matérialiste à fond, c'est cela d'ailleurs qui rend ses nouvelles terrifiantes, car on pourrait presque y croire. Dans " La Maison de la sorcière ", il explique : " ... L'existence possible de courbures capricieuses de l'espace et (...) des points de contact théoriques entre notre partie du cosmos et diverses régions transgalactiques ou extérieures au continu espace-temps d'Einstein. " C'est dans ce court roman qu'il met en scène une créature, un monstre de la nature : " Cette créature de la taille d'un gros rat, baptisée "Brown Jenkin" par les gens de la ville, semblait être le fruit d'un cas remarquable d'hallucination collective... " Mais pourtant, il existe, il existe !

Les engoulevents annoncent toujours qu'il va se passer quelque chose de terrible : " ... Les indigènes (*Lovecraft appelle toujours ainsi les habitants de la région...*) ont une peur effroyable des nombreux engoulevents qui donnent de la voix au cours des nuits chaudes. À les en croire, ces oiseaux sont des psychopompes qui guettent les âmes des agonisants et rythment leurs cris étranges sur le souffle haletant des malades prêts à trépasser. S'ils parviennent à saisir l'âme au moment où elle quitte le corps, ils s'envolent sans plus tarder en poussant des ricanements démoniaques. " Notons au passage qu'ici l'âme existe, et qu'elle quitte le corps. Mais cette séparation de l'âme et du corps est rare chez Lovecraft. À la lecture de cet extrait, on voit bien de qui Stephen King a tiré son nuage d'oiseaux dans " La Part des ténèbres "... Plus loin, toujours dans " L'abomination de Dunwich " dont la précédente citation était extraite : " ... Une légion innombrable d'engoulevents qui criaient leur interminable message sur un rythme diaboliquement synchronisé avec la respiration de l'agonisant. "

Les " animaux " les plus terrifiants restent, chez Lovecraft, les " Grands Anciens ". Ce ne sont pas des dieux, non ! mais des créations naturelles. D'ailleurs, les héros de cette histoire réalisent une autopsie du corps de l'un d'eux ! Voici comment il les décrit dans " Les Montagnes hallucinées " : " Toutes les hypothèses concernant les membres et les organes extérieurs étaient exactes et permettaient de conclure que le sujet appartenait au règne animal ; par contre, l'examen des organes internes révélait tant d'éléments végétaux que Lake n'y comprenait plus rien. Cette créature possédait un appareil digestif et circulatoire. Elle éliminait les déchets par les tubes rougeâtres situés à sa base. L'appareil respiratoire s'avérait extrêmement curieux : il présentait certaines cavités destinées à emmagasiner de l'air, et la respiration pouvait s'opérer soit par un orifice extérieur, soit par deux systèmes très développés de branchies et de pores. De toute évidence, la créature était amphibie et pouvait également subir de longs hivernages sans air. " Je m'arrête là, mais la description se poursuit encore longuement, surtout pour démontrer la prodigieuse intelligence de la créature.

Dans la nouvelle " L'indicible ", le héros trouve des ossements sous le toit et " si ces ossements provenaient tous du même être, ce devait être une folle monstruosité. "

Voilà donc la source de la terreur : ce qui est anormalement monstrueux dans la nature n'est qu'un signe que des entités d'un autre monde, dans lequel les lois de la nature, non seulement sont différentes des nôtres, mais sont également terrifiantes, apparaissent chez nous. Ainsi, Ward, dans " L'affaire Charles Dexter Ward " écrit une lettre dans laquelle il montre sa crainte : " J'ai mis au jour une monstrueuse anomalie, pour l'amour de la science. À présent pour l'amour de la vie et de *la nature* (souligné par moi), vous devez m'aider à la rejeter dans les ténèbres. " Dans le même roman, on rencontre : " L'entité prisonnière (qui) de toute évidence (...) n'avait pas été créée par la nature, car elle n'était pas *finie* et nul ne saurait décrire ses proportions anormales. " Lovecraft aime décrire des monstruosités, en ce sens qu'elles sont, non pas surnaturelles, mais extranaturelles, qu'elles font partie d'un autre monde dans lequel les lois naturelles sont différentes, ce qui fait dire à l'auteur, dans " Celui qui chuchotait dans les ténèbres " : " Le contact avec le fantastique est presque toujours terrifiant. " Voici les monstres du " Cauchemar d'Innsmouth " : " Ils étaient de couleur verdâtre et avaient le ventre blanc. Leur peau semblait luisante et lisse, mais leur échine se hérissait d'écailles. Leur corps vaguement anthropoïde se terminait par une tête de poisson aux yeux saillants toujours ouverts. Sur le côté de leur cou s'ouvraient des ouïes palpitantes, et leurs longues pattes étaient palmées. " Des personnages que l'on a également rencontrés souvent dans les innombrables séries B du cinéma, et aussi dans certaines séries télévisées comme la toute récente " SPACE 2063 "...

Ce sont aussi des phénomènes naturels qui permettent la réapparition de la faune particulière du monde des Grands Anciens. Il y a le tremblement de terre bien connu de tous dans la mythologie lovecraftienne, mais aussi l'inondation, comme dans " Celui qui chuchotait dans les ténèbres " : " (lors de) l'inondation sans précédent qui eut lieu dans l'état du Vermont, le 3 novembre 1927 (...) des histoires bizarres mentionnant la découverte de certaines créatures inconnues flottant sur les eaux de quelques rivières en crue. "

Enfin, dans " La tourbière hantée ", à la fin, " Les eaux stagnantes (...) débordaient maintenant d'une horde d'énormes grenouilles visqueuses dont les cris aigus et incessants contrastaient étrangement avec leur taille. Brillantes, vertes et bouffies, elles semblaient contempler le clair de lune. "

Mais Lovecraft s'intéresse aussi beaucoup à la flore. Il consacre même entièrement une nouvelle à son représentant le plus prestigieux. Ce texte a pour titre : " L'arbre " ! Il s'agit d'" un olivier d'une taille surnaturelle et d'une forme singulière. Il ressemble au corps d'un être humain figé dans son dernier sommeil. " On se doutait qu'il ne pouvait s'agir d'un arbre ordinaire, mais d'un végétal en rapport avec la " divinité " préférée d'Arthur Machen : " Le redoutable Pan et (...) ses nombreux compagnons " que Lovecraft n'a pas manqué d'emprunter à un écrivain qu'il admire. Il s'agit d'ailleurs d'une " divinité " liée à la nature qu'on ne trouve qu'à la campagne... Un autre arbre est effrayant, dans " L'indicible " : " ... Le vieux cimetière d'Arkham... Les yeux fixés sur le saule géant de ce territoire réservé aux morts, dont les puissantes racines, puis le tronc, avaient presque englouti une dalle indéchiffrable, je m'étais permis une remarque bien personnelle sur les sucs fétides autant que subtils que l'inexorable réseau nourricier de l'arbre devait distiller de la terre séculaire de cet ossuaire. " D'autres arbres, dans un autre cimetière, celui de " La peur qui rôde ", jouent le même rôle dans le décor : " ... le cimetière familial où des arbres difformes étendaient leurs branches folles, pendant que leurs racines, soulevant *hideusement* les dalles, suçaient les sucs vénéneux du sous-sol. " Le même arbre a " des racines semblables à des serpents qui se tordaient *méchamment* avant de s'enfoncer dans le sol ", et dans la même histoire, il y a une " forêt de chênes monstrueusement nourris dont les racines en forme de serpent se tordaient, aspiraient d'*innommables* sucs dans la terre grouillante de démons cannibales... "

Dans " Celui qui hantait les ténèbres ", " Il était bien étrange que les plantes et les herbes qui poussaient autour de l'église fussent restées jaunes et flétries malgré la venue du printemps. " Les champignons qui poussent dans la cave où est enterré le vampire ne se portent pas mieux : " Ces champignons aussi grotesques que la végétation de la cour avaient vraiment des formes horribles. C'étaient de repoussantes parodies d'agarics et de "pipes indiennes" dont nous n'avions jamais vu les modèles. "

Il s'agit de la cave de la nouvelle " La maison maudite ", construction bâtie sur un ancien cimetière " oublié ", ce qui nous fait penser que Tobe Hooper l'avait lue pour son film " Poltergeist ".

Il est vrai que cette flore monstrueuse contribue à rendre terrifiante l'ambiance du récit de Lovecraft. Ainsi, encore, dans " La peur qui rôde " : " Il n'y avait pas de bêtes sauvages — elles se tiennent coites au voisinage de la mort. Les vieux arbres frappés par la foudre semblaient étrangement grands et tordus, et le reste de la végétation épaisse et chargée de fièvres, tandis que de curieux monticules et de petits tertres hérissaient la terre volcanique couverte d'herbes folles, évoquant des serpents et des crânes humains de proportions gigantesques. "

Pour terminer cette parade grotesque des monstruosités de la nature lovecraftienne, je citerai encore notre cher écrivain de Providence : " La science, dont les terribles révélations déjà nous accablent, sera peut-être l'exterminatrice définitive de l'espèce humaine — en admettant que les êtres appartiennent à des espèces différentes — et si elle se répandait sur la terre, nul cerveau n'aurait la force de supporter les horreurs insoupçonnées qu'elle tient en réserve. " (Dans la nouvelle " Arthur Jermyn ")
Ah ? C'est donc que la nature même cache les plus " indicibles " des horreurs ?
C'est là le pessimisme profond de Lovecraft...

Lovecraft au cinéma
Alain Pelosato

L'œuvre de Lovecraft est difficile. Sa mythologie forme un tout fascinant qu'on ne peut reconstituer qu'en lisant l'ensemble de ses textes. C'est une des raisons qui ont fait que le cinéma ne s'est intéressé à ses thèmes qu'assez tard, après la Deuxième Guerre mondiale. Ceci dit, on peut déjà retrouver la noirceur et le pessimisme profond de l'écrivain dans le cinéma expressionniste allemand qui ignorait son œuvre. Ainsi, l'univers non euclidien des décors du film Le cabinet du docteur Caligari (1920 -Robert Wiene) ressemble beaucoup à ces mondes de l'au-delà décrits maintes fois par l'écrivain.

Avec la transformation de l'espace, Lovecraft[1] affectionne aussi les transformations physiques. Ce qui est terrifiant chez lui, c'est qu'il base toute sa mythologie sur un matérialisme affiché. Ainsi, je rappelais dans mon précédent article : "Lovecraft s'est mis lui-même en scène avec son personnage d'Herbert West, le réanimateur de cadavre. Dans cette œuvre, il affiche donc ses convictions philosophiques : West était matérialiste. Il ne croyait pas à l'existence de l'âme et attribuait tous les effets de la conscience à des phénomènes physiques." Cette transformation physique n'est pas réservée à un pécheur ou à quelqu'un qui l'a bien cherché. Non ! Cela pourrait arriver à n'importe qui, car c'est dans la nature même que se cachent les plus indicibles horreurs...

La Science qui terrifie

Le premier film fondamentalement lovecraftien est sans conteste : *Le Monstre* (1955 -Val Guest), qui raconte comment une expédition spatiale rencontre une entité qui détruit deux spationautes et transforme petit à petit le survivant revenu sur Terre en monstre. Dans sa nouvelle *Faits concernant feu Arthur Jermyn*, HPL déclare : "La science, dont les terribles révélations déjà nous accablent, sera peut-être l'exterminatrice définitive de l'espèce humaine - en admettant que les êtres appartiennent à des espèces différentes - et si elle se répandait sur la terre, nul cerveau n'aurait la force de supporter les horreurs insoup-çonnées qu'elle tient en réserve." Voilà une peur qui sied bien aux terreurs des années cinquante, après la bombe atomique et au début de la conquête spatiale... Une époque charnière où les craintes de l'espèce humaine rencontrent celles qui ont été exprimées par un écrivain quelques dizaines d'années plus tôt, alors qu'il était le seul à les ressentir. C'est donc à chaque fois la science et ses découvertes qui sont mises en cause dans la série de films des Quatermass qui a débuté par *Le Monstre*, film qui assura le succès de la Hammer, cette compagnie anglaise qui poursuivit sa quête du fantastique en adaptant de nombreuses versions de Dracula et Frankenstein (mais ceci est une autre histoire...). Quatermass est un scientifique sans peur et sans reproche, impitoyable en ce qui concerne les éventuelles conséquences de ses découvertes. Dans *La Marque* (1957 - Val Guest), les êtres humains soumis aux monstruosités du cosmos présentent tous la même marque. C'est le moins lovecraftien des films de la série. Par contre, le suivant, encore plus terrifiant, *Les Monstres de l'espace* (1967) de Roy Ward Baker met en scène une découverte archéologique dans les chantiers du métro : un engin spatial habité de vieilles entités qui sont alors réveillées et menacent l'intégrité de notre monde ! Ça, c'est de la science-fiction !

Des cinéastes indépendants

Il fallut d'autres cinéastes indépendants des valeurs hollywoodiennes pour continuer à adapter les œuvres de cet écrivain maudit, dont les thèmes se situaient à l'époque tout à fait en dehors des normes du cinéma officiel. On en trouvera un du côté italien avec *Caltiki, monstre immortel* (1959 - Riccardo Freda). Certains insinuent que Freda abandonna le tournage en cours et que ce fut Mario Bava qui prit la relève. Quoi qu'il en soit, le réalisateur du *Masque du démon* (1960) n'est pas crédité au générique. Il est facile de reconnaître dans *Caltiki* une ressemblance avec le dieu immortel de Lovecraft, le grand Cthulhu... L'histoire raconte la découverte au fond des eaux d'un monstre qui, irradié ensuite, se développe et met la Terre en danger. Le scénariste mêle ainsi la mythologie lovecraftienne à la terreur moderne de l'atome. On retrouve donc bien la peur de la science et de la découverte. Pour figurer *Caltiki*, le cinéaste a acheté une panse de vache chez le charcutier du coin (on reconnaît bien l'organe dans le film, et non pas des "tripes à l'italienne" comme je l'ai lu quelque part : encore un critique qui parle d'un film sans l'avoir vu !).

Tous les films adaptant les œuvres de Lovecraft auront cette caractéristique commune aux quatre films précédents : ils seront réalisés et produits par des cinéastes et des producteurs indépendants et libres de l'influence des majors.

On ne peut pas trouver plus libre et indépendant que Roger Corman. Ainsi, c'est lui le premier qui adaptera directement une œuvre d'HPL, son seul court roman : *L'affaire Charles Dexter Ward* (1928) auquel il ajoutera quelques éléments d'autres histoires pour en faire un film dont l'affiche mêlera les noms de Lovecraft et de Poe, bien que ce dernier n'ait vraiment rien à voir avec l'histoire. Mais à l'époque, Lovecraft était un inconnu... Ce film s'appelle tout simplement : *La malédiction d'Arkham* (1963).

Ce fut alors le signal pour d'autres adaptations. Jésus Franco (dit Jess Franco) adapta le premier plusieurs nouvelles dans *Necronomicon* (1967). Plus récemment, Brian Yuzna, Shushuke Kaneko et Christophe Gans ont fait de même avec un autre *Necronomicon* (1993) adaptant trois nouvelles terrifiantes : *Celui qui chuchotait dans les ténèbres*, *Air froid*, et *Les rats dans les murs.*

Un autre cinéaste indépendant, Stuart Gordon, venu du théâtre, adapta deux œuvres d'HPL : le feuilleton *Herbert West, réanimateur* (1922) avec le film *Re-animator* (1985), et *De l'au-delà* (1920) avec le film *From Beyond* (1986). Puis, imitant en cela James Whale avec sa *Fiancée de Frankenstein* (1935), le plus qu'excessif Brian Yuzna inventa une "fiancée" réanimée avec *Re-animator 2*.

J'ai trouvé d'autres films dont l'histoire est directement tirée de l'œuvre d'HPL, mais non diffusés en salles en France : *House of thé end of thé world* (1965) de Daniel Haller, qui ne semble pas tiré du magnifique roman de Hogdson, mais de la nouvelle *La couleur tombée du ciel* ; *La Malédiction des Watheley* (1966) de David Greene d'après *La chambre condamnée* ; *The Dunwich horror* (1969) de Daniel Haller ; *The Resurrected* (1991) de Dan O'Bannon d'après *L'affaire Charles Dexter Ward.*

L'ambiance Lovecraft

Ensuite, de nombreux films fantastiques de terreur ont été influencés par l'œuvre de l'écrivain sans y faire strictement référence. John Carpenter, le cinéaste mal aimé de l'Amérique, en a réalisé deux. *Prince des ténèbres* (1988) présente une très vieille entité maléfique cachée dans la cave d'une église qui, réveillée, transforme les êtres humains et ouvre un passage vers d'autres espaces terrifiants. *L'antre de la folie* (1994) met en scène l'écrivain lui-même et ses monstres, mais jamais il n'est nommé. Sam Raimi reconstitue l'ambiance des histoires d'HPL dans *Evil dead* (1982), film qu'il a voulu parodique, mais qui est (malgré lui ?) terrifiant. Les monstres nés dans la poitrine de spationautes - depuis *Alien* (1979) de Ridley Scott en passant par *Alien la résurrection* (1997) de Jean-Pierre Jeunet et *Alien vs Predator* (2004) de Paul W. S. Anderson -sont directement inspirés de ceux d'HPL...

Lucio Fulci, le spécialiste de l'horreur mort-vivante a certainement été très influencé par HPL. Ainsi, son film *Frayeurs* (1980), se situe dans la bonne ville de Dunwich bien connue des lecteurs de Lovecraft... Fulci poursuit cette veine lovecraftienne avec les deux films suivants de sa trilogie : *La Maison près du cimetière* (1981) et *L'au-delà* (1981).

Enfin, ne retrouve-t-on pas les hommes-poisson d'HPL dans le personnage de *L'étrange créature du lac noir* (1954) de Jack Arnold ?

Le cinéma fantastique tout récent n'échappe pas à l'influence du grand HPL, même si l'ambiance est plus moderne. Ainsi les monstruosités terrifiantes venues de l'au-delà dans *Event horizon* (1997) de Paul Andersen sont plus lovecraftiennes que diaboliques. La mythologie d'HPL n'emprunte en aucun cas ses thèmes et ses personnages aux mythes judéo-chrétiens, car Lovecraft est matérialiste. C'est pourquoi on classe souvent son œuvre dans la catégorie de la science-fiction. *Un cri dans l'océan* (1997) de Stephen Sommers reprend directement le mythe de Cthulhu, monstre terrifiant remonté des profondeurs. Et le dernier Tobe Hooper, *Mortuary* (2005), met en scène une entité lovecraftienne lovée au fond d'un puits, sans parler de *Hellboy* (2004) de Guillermo del Toro...

La télévision est bien plus prudente vis-à-vis de l'écrivain reclus de Providence. C'est qu'il faut respecter un nivellement qui puisse plaire au maximum de téléspecta-teurs. Ce que peut se permettre le cinéma indépendant, la télévision ne le peut pas. Néanmoins, les scénaristes ont certainement lu les œuvres du grand maître d'Arkham et en subissent aussi les influences. J'ai trouvé ces dernières dans *Babylon 5, la cinquième dimension* de Jésus Trevino, film TV dans lequel *La porte va s'ouvrir*...

On retrouve aussi les ingrédients du chaudron de l'imaginaire lovecraftien dans certains épisodes de *Au-delà du réel*, bien que ce titre ne soit pas très lovecraftien...

L'œuvre marginale d'un reclus matérialiste (et aussi raciste) est devenue aujourd'hui une référence et ses livres se vendent toujours comme des petits pains. Ce ne fut pas toujours le cas... Jusqu'au début du second millénaire, le cinéma "officiel" a toujours refusé de puiser dans ses récits. Pas assez grand public, certainement. Il a fallu des cinéastes indépendants pour le faire. Aujourd'hui, un film demande un investissement énorme. Mais les effets spéciaux permettent mieux qu'autrefois de reconstituer les mondes et les monstres de Lovecraft.

Liste des films cités :

Le cabinet du docteur Caligari *(1920) de Robert Wiene.*
La fiancée de Frankenstein *(1935) de James Whale.*
La trilogie "Quatermass" :
Le monstre *(1955) de Val Guest,*
La marque *(1957) de Val Guest,*
- Les monstres de l'espace *(1967) de Roy Ward Baker.*
L'étrange créature du lac noir *(1954) de Jack Arnold.*
Caltiki, monstre immortel *(1959) de Riccardo Freda.*
Le masque du démon *(1960) de Mario Bava.*
La malédiction d'Arkham *(1963) de Roger Corman.*
House of thé end of thé world *(1965) de Daniel Haller.*
La malédiction des Watheley *(1966) de David Greene.*
Necronomicon *(1967) de Jess Franco.*
The Dunwich horror *(1969) de Daniel Haller.*
Alien *(1979) de Ridley Scott.*
Frayeurs *(1980) de Lucio Fulci.*
La maison près du cimetière *(1981) de Lucio Fulci.*

L'au-delà *(1981) de Lucio Fulci.*
Evil dead *(1982) de Sam Raimi*
Re-animator *(1985) de Smart Gordon.*
Aux portes de l'au-delà *(1986) de Smart Gordon.*
Re-animator 2 *de Brian Yuzna.*
Prince des ténèbres *(1988) de John Carpenter.*
The resurrected *(1991) de Dan O'Bannon.*
Necronomicon *(1993) de Brian Yuzna, Shushuke Kaneko et Christophe Gans.*
L'antre de la folie *(1994) de John Carpenter.*
Alien la résurrection *(1997) de Jean-Pierre Jeunet.*
Event horizon *(1997) de Paul Andersen.*
Un cri dans l'océan *(1997) de Stephen Sommers.*
La série des "Aliens", Hellboy, Morturay...

Télévision :
Babylon 5, *la cinquième dimension (1998) de Jésus Trevino. (Pilote TV)*
Au-delà du réel *(Série TV).*

Œuvres de Lovecraft citées :

Herbert West, réanimateur -Faits concernants feu Arthur Jermyn L'affaire Charles Dexter Ward - La malédiction d'Arkham - Celui qui

chuchotait dans les ténèbres - Air froid -
Les rats dans les murs - De l'au-delà - La
couleur tombée du ciel - La chambre
condamnée.

Filmographie lovecraftienne

Lovecraft
(Films inspirés de l'œuvre de l'écrivain)

Le Monstre de Val Guest (1955) – La Marque de Val Guest (1957) – La chose d'un autre monde de Christian Nyby (1951) – Caltiki, monstre immortel de Riccardo Freda (et, dit-on, Mario Bava...) (1959) – La Malédiction d'Arkham de Roger Corman (1963) inspiré de « L'affaire Charles Dexter Ward » – House of the End of the World de Daniel Haller (1965) n'est semble-t-il pas tiré du roman de Hogdson, mais de la nouvelle de Lovecraft : « La Couleur tombée du ciel » – La Malédiction des Watheley de David Greene (1966) d'après « La Chambre condamnée » – Necronomicon de Jésus Franco (1967) – Les Monstres de l'espace de Roy Ward (1967) –The Dunwich Horror de Daniel Haller (1969) produit par Roger Corman – Alien de Ridley Scott (1979) – Evil Dead de Sam Raimi (1982) – Les Entrailles de l'enfer de Philippe Mora (1982) – The Thing de John Carpenter (1982) – Conan le destructeur de Richard Fleischer (1984) Conan est un personnage de l'écrivain Robert E. Howard qui fut un compagnon littéraire de Lovecraft. Il n'est donc pas étonnant qu'on retrouve dans ses histoires quelques monstres ou ambiances lovecraftiens. Ici c'est surtout le monstre... – Re-animator de Stuart Gordon (1985) d'après les nouvelles « Herbert West réanimateur » et sa séquelle « Re-animator 2 » de Brian Yuzna – Aux Portes de l'au-delà de Stuart Gordon (1986) tiré de la nouvelle « De l'au-delà » Prince des ténèbres de John Carpenter (1988) met en scène le grand Cthulu sans le nommer – The Resurrected de Dan O'Bannon (1991) d'après « L'affaire Charles Dexter Ward » – La Secte de Michele Soavi (1991) – L'antre de la folie de John Carpenter (1994) met en scène le grand Lovecraft lui-même (sous un prête-nom...) et cite plusieurs de ses œuvres dont « Le modèle de Pickman », et, surtout, il y a ses monstres – Necronomicon, trois sketches de Brian Yuzna, Christophe Gans et Shushuke Kaneko (1993) sur trois nouvelles : « Celui qui chuchotait dans les ténèbres », « Air froid » et « Les rats dans les murs » – Castle Freak de Stuart Gordon (1995) – Alien la résurrection de Jean-Pierre Jeunet (1997), où le monstre est le plus lovecraftien... – Un

Cri dans l'océan de Stephen Sommers (1997) un monstre qui vient des profondeurs. – She Creature de Sebastien Gutierrez (2001) – Dagon de Stuart Gordon (2002) – Atomik Circus de Didier et Thierry Poiraud (2002) – Hellboy de Guillermo del Toro (2004) – Mortuary de Tobe Hooper (2005)

Film TV amusant : Détective Philip Lovecraft de Martin Campbel (1991)

Table des matières

www.ingramcontent.com/pod-product-compliance
Lightning Source LLC
La Vergne TN
LVHW051228200726
843510LV00011B/1512